Índice

1. Introdução

Como as estruturas económicas e institucionais diferem entre os países, isso será um factor importante na determinação da direcção da aprendizagem e da performance inovadora, desse modo, o trabalho a realizar pretende não só determinar a performance inovadora do país mas, também, identificar os factores intrínsecos que poderão contribuir para essa performance.

É fundamental compreender e identificar esses factores, de forma a que se possa estimular a inovação no país.

Com a determinação dos benefícios da inovação (crescimento económico, criação de emprego, competitividade) e com a identificação dos factores que mais contribuem para a sua existência, será possível contribuir para o estabelecimento de políticas públicas de estímulo à inovação.

2. Importância de medir inovação

Apesar dos países puderem obter ganhos construindo infra-estruturas, melhorando instituições, reduzindo a instabilidade macroeconómica ou melhorando o seu capital humano, no longo prazo, quando todos os outros factores estiverem na sua máxima capacidade, as condições de vida só poderão ser melhoradas através da inovação (World Economic Forum [WEF], 2010).

Historicamente, a inovação tem sido medida, maioritariamente, a partir de indicadores simples como os investimentos em I & D e número de patentes, no entanto, estes indicadores reflectem geralmente apenas um dos aspectos do fenómeno complexo da inovação e não fornecem uma visão abrangente. O papel dos indicadores compostos de inovação tem crescido notavelmente na avaliação dos processos de inovação nas últimas décadas, sendo a melhor ferramenta disponível para a análise do ambiente de inovação e de desempenho, especialmente a nível nacional (Pass & Poltimae, 2010), daí que o presente trabalho se baseie em alguns dados do CIS, que serão complementados com dados obtidos do Eurostat, da Organisation for Economic Co-operation and Development (OECD) e do *Global Entrepreneurship Monitor* (*GEM*).

A inovação é actualmente, determinante fundamental da criação de valor nas empresas e factor de crescimento económico. Portanto, medir a inovação tornou-se uma preocupação significativa, tanto para empresas privadas como para governos (Cañibano, Garcia-Ayuso & Sánchez, 2000), até porque a inovação está positivamente correlacionada com o aumento da produtividade (Martin & Nguyen-Thi, 2010).

A capacidade das empresas em competirem nos mercados estrangeiros e nacionais depende fundamentalmente de produtos inovadores que podem ser produzidos e vendidos a preços atractivos. No curto prazo, a produtividade e os custos de trabalho são importantes factores de competitividade. No longo prazo, a capacidade das empresas para inovar e investir em I & D e inovação são determinantes fundamentais da competitividade (Cleff, 2005).

De acordo com Spronk e Vermeulen (2003) "a performance refere-se ao resultado (s) de uma actividade (ou conjunto de actividades) ", isto é, os resultados alcançados após a actividade ter começado.

Segundo Wagner-Dobler (2005) "indicadores de input capturam o que é usado para produzir conhecimento ", enquanto que "os indicadores de output lidam com o resultado da produção do conhecimento". De seguida, os outputs são relacionados com as possíveis consequências que as inovações podem ter no crescimento económico, no emprego, na produtividade, constituindo-se como uma importante fonte para os decisores políticos e para as metas das suas políticas de inovação (Pedersen, 1977).

Uma das principais razões para se realizarem estudos comparativos sobre a performance dos sistemas de inovação é promover a aprendizagem e melhorar o desempenho de territórios, grupos de pesquisa, países e responsáveis políticos (Main, 1992; Niosi, 2002; Dou, 2004 as cited in Edquist & Zabala, 2009, p. 6).

Nesse sentido, o objectivo principal de desenvolver análises comparativas (benchmarking) "é auxiliar a política resumindo uma série de indicadores de inovação a nível nacional, regional ou sectorial, permitindo uma comparação entre o relativo sucesso ou fracasso de um dado sistema de inovação, ou através da identificação de aspectos específicos do sistema de inovação que tiveram uma performance boa ou má "(Arundel e Holandeses, 2008 as cited in Edquist & Zabala, 2009, p. 6).

As actividades de inovação, não só influenciam directamente a produtividade da economia como também promovem o crescimento económico através da formação de novos negócios, levando ao crescimento de emprego e a outros outputs. Inovação incentiva e facilita os empreendedores a criarem novas organizações, a fim de entrarem em determinadas indústrias, caracterizadas por um regime tecnológico empreendedor (Hasan, 2010).

Segundo Hashi and Stojcic (2010) as inovações permitem que as empresas se diferenciem dos seus rivais (através de novos produtos, processos, redução de custos ou melhorias organizacionais).

No cenário actual de globalização, o conhecimento tornou-se o principal factor de produção para a vantagem competitiva. Isto requer a aquisição e utilização do conhecimento para a inovação e mudança técnica numa base constante, o que só é possível numa "organização de aprendizagem". As actividades inovadoras duma organização de aprendizagem são influenciadas por três factores principais:

(1) Aprendizagem interna;

(2) Aprendizagem externa;

(3) As estratégias de inovação decididas pela gestão empresarial (Kharbanda, 2002).

3. Inputs da inovação

Seguidamente, serão apresentados os inputs mais importantes que contribuem para a existência de inovações. Estes inputs foram identificados através de uma extensa revisão bibliográfica e têm o objectivo de se inserir na construção de um modelo econométrico inovador, que permite medir a performance inovadora das nações.

3.1 Investigação & Desenvolvimento

Grande parte do conhecimento científico mundial é produzido por investigadores e pelos sectores de investigação governamentais, que normalmente contam com um forte apoio financeiro por parte do governo. A correlação positiva entre ciência e desenvolvimento tecnológico e económico, tem servido como justificação central para este apoio. O conhecimento produzido pela pesquisa que beneficia de apoios públicos tem características de bem público e permite a apropriação parcial dos efeitos de spillover por parte de empreendedores e empresas através de direitos de propriedade intelectual. Os governos têm, portanto, apoiado o investimento na investigação pública e a difusão do conhecimento produzido por toda a economia (Organisation for Economic Co-operation and Development [OECD], 2010b).

Sendo a I & D um factor primordial do crescimento sustentável em economias altamente industrializadas, especialmente na actual era de modernas economias baseadas no conhecimento, os países não podem depender apenas de I & D pública realizada em universidades ou instituições de pesquisa pública. O papel da I & D realizada no sector empresarial é de importância crescente na sociedade (Comissão Europeia, 2003). Como forma de estimular a I & D no sector empresarial, os governos geralmente oferecem uma ampla gama de incentivos públicos, como, por exemplo, subsídios à I & D, créditos fiscais e consultoria tecnológica (Santamaría, Barge-Gil & Modrego, 2010; Aerts, 2004).

Existem lógicas económicas claras por trás do apoio privado em I & D: o nível de actividades de financiamento privado em I & D é inferior ao socialmente desejado, porque a I & D tem as características de um bem público e gera efeitos externos positivos, que não podem ser internalizadas (Arrow, 1962). Assim, pode haver projectos que teriam efeitos positivos para a sociedade, mas não cobrem o custo privado. Portanto, esses projectos não são realizados e a quantidade de inovações está abaixo do nível socialmente desejável. Esta circunstância, é a principal razão para os governos subsidiarem projectos privados de I & D. O financiamento público reduz o preço para os investidores privados e, assim, mais inovação ocorre, idealmente atingindo o equilíbrio social (Aerts, 2004).

Muitos estudos de inovação basearam-se somente neste indicador, mas isso é claramente insuficiente, já que a despesa em I & D não abrange todos os esforços inovadores das empresas, tais como a sua experiência inovadora ou o conhecimento incorporado nos investimentos em novas máquinas e em capital humano (Hashi & Stojcic, 2010).

Kemp, Folkeringa, Jong and Wubben (2003) acrescentam que os estudos baseados em I & D não são informativos sobre o processo de inovação. Além disso, esta óptica da despesa pode ser enganosa já que a menor quantidade de despesas próprias em I & D pode simplesmente reflectir o facto de que a inovação está a ser desenvolvida em cooperação com universidades ou com outras empresas. Outro dado importante é que muitas pequenas empresas, podem não separar claramente as despesas de I & D das suas outras actividades. Finalmente, o facto de apenas uma pequena parte dos esforços de inovação originar outputs ou melhorias de desempenho pode significar que as empresas podem gastar em I & D por muitos anos sem colher os benefícios potenciais de tal despesa (Bessler & Bittelmeyer, 2008).

A aplicação de I & D para a produção de produtos tecnologicamente avançados para exportação pode também melhorar as condições do comércio a nível nacional. Além disso, as actividades de I & D criam uma procura por recursos humanos qualificados, o que fornece um impulso para desenvolver e melhorar os sistemas de ensino, levando a potenciais benefícios em toda a economia. Uma condição prévia para a decisão de investir em actividades de inovação, financeiramente caras e arriscadas, como a I & D, é uma expectativa razoável de ser capaz de obter ganhos, através de preços mais elevados para produtos novos ou melhorados ou através de menores custos de produção (Huang, Arundel & Hollanders, 2010).

Esses ganhos poderão se obtidos através de protecção de patentes, marcas, direitos autorais, segredo, as vantagens de tempo em relação aos concorrentes, a complexidade do projecto, e a posse de conhecimentos especializados de marketing e activos de produção (Arundel & Kabla, 1998).

Um país pode ganhar competitividade nacional através de actividades de I & D porque os novos conhecimentos tecnológicos criados por uma empresa difundem-se mais lentamente entre as empresas de países diferentes do que entre as empresas situadas no mesmo país (capital do conhecimento como um bem público nacional). À medida que o conhecimento se difunde internacionalmente e é usado por empresas de outros países, o país perde a sua vantagem competitiva. A vantagem competitiva nacional é, portanto, baseada num monopólio temporário de conhecimento tecnológico (Beise, 2005).

3.2 Patentes

Embora seja a melhor medida disponível de output de inovação, o número de patentes é imperfeito para medir a actividade de inovação global. As empresas muitas vezes optam por manter as inovações que estão comercialmente sensíveis em segredo, a propensão para patentear pode também variar de acordo com os custos das patentes e muitas patentes não podem ser aplicadas comercialmente. As patentes podem até impedir a inovação diminuindo a difusão do conhecimento ou constituindo barreiras proibitivas à entrada no mercado (Economist Intelligence Unit [EIU], 2009).

Segundo a OECD (2010), as patentes podem ser interpretadas como indicadores de invenção (um precursor para a inovação), e há uma relação positiva entre o número de patentes e indicadores de performance como a produtividade e a quota de mercado. No entanto, é importante notar que tem algumas desvantagens como indicador de actividade tecnológica, sobretudo em termos de cobertura (nem todas as invenções são patenteadas ou patenteáveis), a especificidade do campo (alguns campos técnicos têm uma maior propensão para depositar pedidos) e a enviesada distribuição de valor (muitas patentes não possuem aplicação industrial e têm baixo valor para a sociedade, enquanto que algumas patentes são de valor muito alto).

A utilização deste indicador permite separar o processo de produzir uma invenção, do processo de implementar uma invenção no mercado - só neste caso será inovação (Maggioni, Uberti & Usai, 2011), desta forma, constitui-se como um excelente indicador de input de inovação.

Só por si, não é um indicador preciso, visto que uma melhoria num serviço, produto ou processo pode não ser suficiente para conceder a essa inovação uma patente, isso levará a que muitas inovações não sejam contabilizadas. Não deixa de ser, contudo, um excelente indicador de mudanças tecnológicas, apesar de não ser capaz de indicar o valor comercial da invenção/inovação desenvolvida (Dereli, Durmusoglu & Daim, 2011).

3.3 Capital Humano

Quase todos os aspectos de I & D e inovação requerem pessoas qualificadas. Recursos humanos em ciência e tecnologia (RHCT), um grupo definido de forma ampla, que essencialmente engloba pessoas com educação universitária ou pós-secundária e/ou que trabalham como profissionais ou técnicos, desempenham um papel central na criação de novos conhecimentos através de pesquisa, desenvolvimento, instalação e melhoria de novos materiais, produtos e equipamentos, concepção de novas ferramentas para processos de produção, execução de testes e colecta de dados, aplicação de patentes e licenças, adaptação e adopção de tecnologias dentro do ambiente de trabalho e muito mais. As habilidades específicas envolvidas nestas actividades são muitas e variadas e variam do profundo conhecimento académico de certos domínios científicos à prática de habilidades técnicas, de gestão e de trabalho em equipa. Dado o alcance da actividade inovadora em todos os sectores da economia, tanto a nível tecnológico e não tecnológico é também claro que, mesmo que não estejam directamente envolvidos em I & D e inovação, todos os trabalhadores exigem, no mínimo, as competências básicas para se poderem envolver com novas tecnologias, técnicas e formas de trabalho e para permitir que a inovação ocorra com sucesso no seu local de trabalho (OECD, 2010).

O capital humano tem sido considerado como um recurso fundamental nas empresas. Os recursos tecnológicos e inovadores da força de uma empresa de trabalho dependem do nível educacional e da experiência dos seus funcionários (Hitt, Bierman, Shimizu & Kochhar, 2001) e da capacidade dos gestores em utilizar eficazmente essas habilidades para resolver problemas (Herrera, Munoz-Doyague & Nieto, 2010). Funcionários habilitados e experientes são um requisito essencial para um alto nível de actividades inovadoras de forma a gerar novos conhecimentos e absorver os conhecimentos existentes. Empregados com ensino superior, formação e experiência são especialmente importantes nas indústrias baseadas na ciência (Luo, Koput & Powell, 2009).

O capital humano de uma organização é definido como sendo o conhecimento, habilidades e capacidades que residem e são utilizadas pelos indivíduos (Subramaniam & Youndt, 2005).

Dada a estreita conexão entre o conhecimento possuído pelo capital humano da empresa e os seus produtos e serviços, é evidente que a capacidade de uma empresa para produzir novos produtos está indissociavelmente ligada ao seu capital humano (Lopez-Cabrales, Valle & Herrero, 2006).

A pesquisa de Cabello-Medina, Lopez-Cabrales and Valle-Cabrera (2011), comprovou que a singularidade do capital humano tem um efeito directo e positivo na capacidade de inovação da empresa, ou seja, parece que o conhecimento único e raro é o que dá origem a novos produtos que são diferentes dos da concorrência.

Em estudos anteriores, o capital humano é considerado o activo intangível mais importante para as organizações e é essencial para o sucesso das mesmas. O capital humano inclui o know-how, a educação, as competências relacionadas com o trabalho, ou seja, todos os conhecimentos, habilidades e experiências dos colaboradores de uma dada empresa (Huang, Lai & Lin, 2011).

Neste contexto, as instituições de ensino superior desempenham um papel fundamental. As universidades tradicionalmente representam a principal fonte de novos conhecimentos e provocam uma constante regeneração de estudantes e cientistas. Daqui surge um enorme potencial de ideias e competências específicas, o que significa uma base ideal para a criação de novos empreendimentos. Esses grupos altamente qualificados dominam as actividades globais em termos de qualidade e do valor criado. Estudos têm demonstrado que indivíduos com cursos universitários têm uma maior propensão para começar o seu próprio negócio (Sternberg, Brixy & Hundt, 2007). Além disso, vários autores mostraram que as empresas que surgem a partir do ambiente académico têm um potencial específico para o crescimento e a inovação (Steffensen, Rogers & Speakman, 2000).

O estudo realizado por Teles and Joiozo (2011), demonstrou que existe uma clara relação de longo prazo entre stock de capital humano e quantidade de inovação. Esta correlação só se comprovou a nível de ensino superior, ou seja, só a quantidade de licenciados influencia positivamente a inovação, não se encontrando correlação entre inovação e ensino primário ou secundário. Esta ideia é reforçada pela OECD (2010b), que refere que os países com alta qualidade de ensino superior tendem a obter mais benefícios da I & D nacional e de spillovers de I & D a partir do estrangeiro.

3.4 Colaboração

A inovação é um processo complexo e interactivo, que envolve vários actores. A força motriz da inovação é a aprendizagem, tanto organizacional como a nível de capital intelectual e humano (Zucker, Darby & Brewer, 1998). Powell, Koput and Smith-Doerr (1996) sugerem que o foco da inovação está na colaboração interorganizacional e não em empresas individualmente.

Inovação é definida no Manual de Oslo (OECD, 2005), como a aplicação de um produto novo ou significativamente melhorado (bem ou serviço), processo ou função de negócio, tais como métodos de marketing ou mudanças na organização ou nas relações externas. Esta definição sublinha a importância de colaborações com parceiros externos, num quadro de inovação aberta (D'Angelo, 2010).

Os custos crescentes de I & D e o encurtamento dos ciclos de vida de produtos e tecnologia num ambiente cada vez mais dinâmico a nível tecnológico, faz com que seja quase impossível desenvolver inovação e tecnologia autonomamente. As empresas usam estas colaborações para reduzir os custos e riscos da I & D, para aumentarem a transferência de tecnologia (a fim de melhorarem o desempenho inovador), para reduzir o tempo de colocação de novos produtos no mercado e para procurar novas oportunidades tecnológicas (Basile, 2011).

Os investigadores examinaram a relação entre colaboração e inovações, analisando como é que as alianças formalizadas influenciam a frequência de outputs de inovação (projectos de I & D, patentes, contratos de I & D, produtos, spin-off). A evidência empírica indica uma forte relação positiva entre as colaborações interorganizacionais e inovação, sendo que essa relação positiva mantém-se quando as alianças são formadas, não com outras empresas, mas com universidades e parceiros da comunidade cientifica (Basile, 2011).

Kemp et al. (2003) constataram que o input inovador é positivamente influenciado pelos contactos (networking) e cooperação com institutos de pesquisa. Loof, Heshmati, Asplund and Naas (2002), constataram que a cooperação com rivais internos, clientes e algumas fontes de informação estão positivamente relacionadas com maiores esforços inovadores por parte das empresas.

Os sistemas colaborativos permitem às organizações comunicar, interagir e cooperarem entre si para atingirem os seus objectivos de negócio. As arquitecturas de colaboração têm sido amplamente utilizadas como estruturas de reforço da inovação. Existem várias arquitecturas diferentes para a execução de colaborações como, por exemplo, unidades centrais de I & D, as unidades de redes, parcerias, alianças e clusters. Cada uma dessas arquitecturas de colaboração é focada em diferentes estratégias e políticas de partilha de recursos. A principal inspiração destes sistemas colaborativos é a partilha dos riscos associados aos processos de inovação (Dereli, Durmusoglu & Daim, 2011).

A colaboração internacional é um sinal da crescente globalização. A colaboração internacional permite às empresas aceder a uma gama de recursos mais vasta do que aquela disponível nos seus países de origem e tirar partido das diferentes experiências e conhecimentos das equipas de pesquisa externas (OECD, 2010).

3.5 Competição

A nível empresarial, as empresas concorrem ao longo de linhas características: produto, preço, qualidade e outros factores específicos para essa determinada empresa ou produto. O resultado da competição a um nível mais global, implica o desenvolvimento tecnológico ou oportunidades tecnológicas e articulação da procura, o que pode ser compreendido através da aplicação das ideias teóricas do modelo de ciclo de vida do produto. Este modelo indica que quanto maior for o ritmo de desenvolvimento tecnológico, mais as empresas devem investir no desenvolvimento de novos produtos, já que os produtos antigos vão sendo substituídos por novos, tecnologicamente superiores, por parte de empresas concorrentes. Em mercados caracterizados por tecnologia madura e modestas oportunidades para um maior desenvolvimento tecnológico, as empresas são mais susceptíveis de melhorar os produtos numa base incremental (inovação incremental), e os seus ganhos serão predominantemente obtidos a partir de produtos melhorados ou inalterados embora, provavelmente, produzindo-os de forma mais económica em resultado da redução de custos obtida pelo processo de inovação (Brouwer, Poot & Montfort, 2008).

Se as empresas actuarem nos mercados internacionais, em princípio, o nível de competitividade será maior. A literatura considera que uma maior intensidade de exportações facilita a decisão das empresas de inovar. A lógica por trás desta tese é que a concorrência externa é mais intensa do que a nacional o que exige uma melhoria contínua dos produtos da empresa e dos processos (Hashi & Stojcic, 2010).

O efeito da pressão competitiva do mercado, no incentivo de uma empresa para investir em I & D depende, principalmente, do seu nível de competência tecnológica: empresas com elevados níveis de competência tecnológica são mais propensas a responder agressivamente (aumentam a I & D) para intensificar a pressão do mercado concorrencial, enquanto que, as empresas com baixos níveis de competência tecnológica tendem a reagir de forma submissa (reduzem a I & D). A análise empírica dos dados do Banco Mundial apoia este efeito diferencial. Do ponto de vista da estratégia, as empresas mais bem preparadas em termos de competências tecnológicas podem suportar um aumento da pressão competitiva e até tornarem-se tecnologicamente mais competitivas (Lee, 2009).

3.6 Empreendedorismo

Geralmente, das inovações provêm novos bens e serviços que a empresa produz e introduz no mercado (Vespagen, 2001), com a finalidade de criar um novo valor para os consumidores e retorno financeiro para si mesmas (Walters, 2007). Para ser uma inovação, as novas tecnologias ou os resultados de I & D devem ser rentáveis (Kostic, 2008).

Para Schumpeter (1942), o empreendedor é inovador e uma figura chave na promoção do desenvolvimento económico. A actividade de inovação dos empreendedores alimenta um processo de "destruição criativa", causando perturbações constantes num sistema económico em equilíbrio, criando oportunidades económicas. No ajuste ao equilíbrio, ocorrem outras inovações e mais empreendedores entram no sistema económico. Desta forma, a teoria de Schumpeter prevê que um aumento no número de empreendedores leve a um aumento do crescimento económico.

A literatura sugere que o empreendedorismo contribui para o desempenho económico introduzindo inovações, criando mudança, mais concorrência e aumentando a rivalidade. Os empreendedores adoptam novas técnicas de produção, "desviam" recursos para novas oportunidades, diversificam e introduzem a concorrência pela penetração em novos mercados. Do ponto de vista da economia evolucionária, os empreendedores servem como agentes de mudança, trazem novas ideias para os mercados e estimulam o crescimento (Wong, 2005).

Os empreendedores implementam inovações e criam empresas de raiz, procurando novos mercados (Wennekers & Thurik, 1999), procuram e criam ansiosamente novas oportunidades. O empreendedor procura despertar outros actores, oferecer-lhes oportunidades e lançá-los no processo de inovação, deste modo, o empreendedorismo pode estimular a inovação, orientar os processos de inovação e obrigar à criação de um ambiente favorável à inovação, dando-lhe origem e sustentando-a (Dalohoun, Hall & Mele, 2009).

Incentivar as actividades inovadoras está no topo da agenda política em muitos países ocidentais. O objectivo de tornar a economia europeia a mais competitiva e dinâmica do mundo tem sido expressamente pronunciado. Para atingir este objectivo, a União Europeia quer incentivar as empresas estabelecidas a inovar e incentivar a criação de novas empresas inovadoras (Winne & Sels, 2010).

3.7 Financiamento público

A inovação, a criação e aplicação do conhecimento são áreas importantes para a acção governamental. Estas acções são essenciais para que empresas e países possam prosperar na actual economia global cada vez mais competitiva. É aqui que os países mais desenvolvidos encontram a sua maior vantagem comparativa: investir na criação de conhecimento e possibilitar a sua difusão é a chave para a criação de emprego qualificado e para fomentar o crescimento aumentando, desta forma, a produtividade. As economias menos desenvolvidas também encaram a inovação como uma forma de aumentar a sua competitividade e de se mudarem para actividades de maior valor acrescentado (OECD, 2010b).

A mudança tecnológica e a crescente importância do investimento em I & D, são frequentemente citados como a principal força motriz do crescimento económico e é amplamente aceite que a taxa de retorno social na despesa em I & D excede a taxa privada. Na ausência de intervenção pública, poder-se-á verificar uma baixa actividade de I & D na sociedade, o que conduzirá a uma taxa sub-óptima de crescimento económico. Os países industrializados têm apostado no financiamento público em I & D, apoiando projectos que se acredita poderem gerar grandes benefícios sociais (Lööf & Heshmati, 2005).

Vários estudos relataram que o acesso ao financiamento, nomeadamente a disponibilidade de subsídios públicos para actividades de inovação é um determinante crucial do processo de inovação (Klomp & Van Leeuwen, 2001; Kemp et al., 2003). A razão provável para isso é que na presença de altos níveis de incerteza e assimetria de informação (falhas de mercado), as empresas vão-se concentrar apenas nos projectos que são rentáveis. Portanto, ao fornecer subsídios, as autoridades públicas motivam as empresas a realizar também, as inovações que, de outro modo, seriam abandonadas.

O financiamento público contribui com um efeito "bola de neve" para o aumento da inovação, estando está bem documentado na literatura que as empresas financiadas pelo governo são susceptíveis de estar entre aquelas com as melhores ideias. Assim, estas empresas têm mais incentivos para gastar os seus próprios recursos e são mais propensas a receber apoio de terceiros, do que as empresas não financiadas (Lööf & Heshmati, 2005).

O estudo realizado por Herrera et al. (2010), fornece evidências sobre os efeitos da mobilidade dos investigadores do sistema público de I & D no que respeita ao processo de inovação nas empresas. Estes investigadores contribuem para a produção e transferência de conhecimento previamente desenvolvido e acumulado no sistema público de I & D. As conclusões do estudo confirmam que os conhecimentos científicos que os investigadores públicos fornecem têm uma influência positiva sobre as entradas e saídas do processo de inovação nas empresas. O facto de as empresas terem acesso a conhecimentos complementares aos que já possuem, representa um estímulo para a exploração e aplicação de novos conhecimentos. As empresas desse estudo aumentaram continuamente os seus investimentos de I & D, em território nacional, deste modo comprova-se que o sector público para além da importância no financiamento da inovação também forma excelentes recursos humanos que podem contribuir para a inovação nas empresas.

Os instrumentos de financiamento utilizados pelo sector público para promover a inovação incluem o financeiro directo, incentivos fiscais e garantias de crédito. As subvenções directas são a forma dominante de apoio financeiro público para I & D empresarial em muitos países. Enquanto que os créditos fiscais são ferramentas que reduzem o custo marginal das actividades de I & D e permitem que as empresas escolham quais os projectos a financiar, as subvenções directas ou subsídios de I & D representam ferramentas de apoio a projectos específicos (OECD, 2010b).

3.8 Difusão do conhecimento

Inovação é o desenvolvimento do conhecimento. Segundo Jaffe (1986, p. 984): "Como o conhecimento é inerentemente um bem público, a existência de esforços de pesquisa tecnológica de outras empresas, pode permitir que uma determinada empresa, possa alcançar melhores resultados do que outra, com menor esforço de investigação."

Deste modo, as empresas que estão activamente à procura de oportunidades para explorar a divulgação de conhecimento, terão uma vantagem competitiva, assumindo que essas empresas têm capacidade suficiente de absorção, para fazer uso efectivo desse conhecimento. Outro dado importante, é o facto de muito deste conhecimento ter origem em fontes públicas ou semi-públicas, como por exemplo Universidades e Laboratórios de Investigação (Brouwer et al., 2008).

As empresas também podem obter informações para apoiar as suas actividades inovadoras dos seus concorrentes e de fontes abertas, tais como conferências, reuniões, revistas, clientes e fornecedores o que poderá criar spillovers que levam a novas oportunidades tecnológicas (Huang et al., 2010; Kahn, 2007).

A capacidade de uma empresa inovar e tirar proveito dos efeitos de spillover da tecnologia depende do seu nível de I & D do capital humano e do seu envolvimento no comércio internacional. Globalmente, a literatura sugere que a inovação e a transferência de tecnologia são importantes fontes de produtividade, pelo que se esperam obter evidências de correlação entre estes factores (Apergis & Filippidis, 2008).

Deste modo, a difusão do conhecimento é uma externalidade, que beneficia toda a economia, contribuindo para o seu avanço e para uma exploração mais eficiente e diversificada dos recursos existentes (Chen & Yang, 2011).

De acordo com Luckraz (2008), a existência de spillovers impulsionam o crescimento económico, já que os actos de imitação por parte dos seguidores são vistos como um estímulo, colocando pressão sobre o líder da indústria para inovar ainda mais e isso estimula o crescimento da economia.

O sistema público de investigação desempenha muitos papéis nos sistemas de inovação: educação, informação, desenvolvimento de habilidades, resolução de problemas, criação e difusão de conhecimentos, desenvolvimento de novos instrumentos, armazenamento e transmissão de conhecimentos. Desta forma, são uma fonte essencial de spillovers que podem ocorrer durante a execução das suas muitas actividades. As instituições públicas de investigação têm sido a fonte de grandes avanços científicos e tecnológicos que se tornaram grandes inovações. A existência de instituições de investigação públicas também pode moldar a capacidade de uma região para inovar, já que estas instituições actuam como um íman para as empresas de alta tecnologia ou para as instalações de I & D de empresas multinacionais (OECD, 2010b).

A circulação do conhecimento é essencial para a inovação. As ideias novas surgem a partir da combinação de conhecimento existente de várias fontes. A circulação de conhecimento torna possível confrontar, misturar, testar e melhorar ideias, compartilhar e explorar fontes de dados, e transferir conhecimentos para contextos onde possa vir a ser desenvolvido e aplicado. A circulação do conhecimento também é essencial para o crescimento da produtividade que, nas empresas, aumenta com a aplicação de conhecimento adquirido outros lugares (OECD, 2010b).

Apesar da inovação ser o caminho preferido da maioria das empresas para alcançar o crescimento, em alturas económicas difíceis - como são agora - as empresas apressam-se a reduzir os seus custos e os planos de inovação tornam-se, muitas vezes, os principais candidatos para cortar custos. Novos projectos de I & D são adiados, ou até mesmo cancelados. A literatura tem mostrado que sacrificar o crescimento futuro orientado para a inovação em nome de actuais restrições financeiras é susceptível de se lamentar, a longo prazo. A solução para que as empresas possam prosseguir a sua agenda de inovação sem sobrecarregar os seus escassos recursos internos é adoptar um sistema de networking estratégico de inovação que potencie os recursos externos. É uma abordagem com foco no exterior e que se baseia no aproveitamento dos recursos e capacidades de redes externas e das comunidades para ampliar ou melhorar o alcance da inovação, a velocidade em inovação e a qualidade dos resultados da inovação fomentando, desta forma, a criação e divulgação de conhecimento (Nambisan & Sawhney, 2010).

3.9 Investimento directo estrangeiro

Uma das características globais mais significativa nas últimas duas décadas é o aumento constante dos investimentos directos estrangeiros (IDE), em conjunto com a globalização amplamente facilitada pelo rápido avanço na mudança tecnológica. O aumento do IDE faz com que uma parte crescente da produção dos países seja proveniente de subsidiárias de empresas multinacionais e impulsiona o desenvolvimento industrial, desempenhando um papel de apoio ou de complementaridade aos investimentos locais, através de efeitos directos e indirectos, tais como o investimento em unidades de produção e a ocorrência de spillovers com efeitos positivos nas economias locais (Gachino, 2010).

De acordo com Lall and Narula (2004), uma das características essenciais desta liberalização tem sido a maior abertura ao IDE, sendo este visto como um meio de aquisição de tecnologias, competências e de acesso aos mercados internacionais. De acordo com os mesmos autores, o papel das multinacionais como fonte de capital e tecnologia tem crescido. Estas empresas continuam a dominar a criação de tecnologia e com o aumento dos custos e riscos da inovação a sua importância tem aumentado. Tornaram-se mais móveis, procurando por baixos custos, locais de produção mais eficientes e novos mercados. O facto de dinamizarem as economias receptoras dos seus investimentos tem feito com que muitos países em desenvolvimento tenham acabado com as restrições ao IDE.

A globalização das actividades de I & D das empresas tem implicações importante,s tanto para as multinacionais como para os territórios, quer como fontes ou como receptores de IDE em I & D. Do ponto de vista das empresas multinacionais é amplamente reconhecido hoje que a I & D está gradualmente a evoluir de uma função centralizada e hierarquizada de cadeias de suprimentos das empresas em direcção a uma que se baseia numa rede geograficamente dispersa de centros de I & D, o que faz com que as subsidiárias das multinacionais se envolvam nas actividades de inovação (EIU, 2007).

Segundo o estudo realizado por Kemeny (2010), os fluxos de IDE mostram uma relação positiva com a modernização tecnológica, durante um período longo para uma amostra grande e diversificada de países, sendo que os países que obtêm melhores resultados são os países em desenvolvimento que têm um alto nível de capacidades sociais.

O IDE está entre os factores mais amplamente estudados, por meio do qual os países poderiam compreender e adoptar tecnologias. Este argumento prevê que o IDE vai estimular o país de acolhimento na modernização tecnológica. As empresas multinacionais são mais produtivas que as empresas locais (nos países em desenvolvimento) e a sua tecnologia está na fronteira global (Lipsey, 2006).

Para além de contribuir para a modernização tecnológica na economia anfitriã, o IDE pode originar spillovers de tecnologia que contribuem para a mudança técnica nas empresas locais e spillovers de conhecimento podem ocorrer das empresas estrangeiras para as empresas locais através da circulação de mão-de-obra treinada, dos efeitos de demonstração e dos efeitos de concorrência, quando a pressão da concorrência causada pela presença de empresas estrangeiras, força as empresas locais a melhorarem a sua tecnologia de produção e gestão (Buckley, Clegg & Wang, 2002; Caves, 1974; Fosfuri, Motta & Ronde, 2001 as cited in Fu & Gong, 2011, p. 2). As tecnologias avançadas incorporadas em máquinas e equipamentos importados em empresas de capital estrangeiro podem elevar o nível tecnológico médio da economia de acolhimento.

A modernização tecnológica é um elemento-chave da industrialização nos países em desenvolvimento. A transferência de tecnologia através do IDE tem sido apontada como um grande motor de melhorias tecnológicas nos países em desenvolvimento. Muitos destes países competem pelo IDE com a expectativa de que o avanço do conhecimento tecnológico incorporado no IDE possa conduzir à modernização tecnológica. Por outro lado, nos últimos anos muitos países em desenvolvimento têm começado a questionar a eficácia de tal estratégia e apelaram para um maior ênfase na inovação nacional como condutor do desenvolvimento das capacidades tecnológicas (Fu & Gong, 2011).

Para Aitken and Harrison (1999), o IDE pode trazer malefícios para as empresas nacionais concorrentes, já que as multinacionais, com custos fixos mais reduzidos, irão originar a perda de competitividade das empresas locais.

3.10 Capital de risco

Actualmente é sabido que o capital de risco desempenha um papel preponderante no financiamento de projectos empreendedores de alto crescimento e, normalmente, associados a alta tecnologia. O capital de risco contribuiu para a formação e crescimento de empresas como a Apple, o Google, a Amazon e o eBay (entre muitas outras). Este tipo de financiamento é muito criterioso e difícil de obter, mas os empreendedores que o conseguem, têm acesso a grandes somas de recursos, não só a nível de financiamento, mas também, apoio na gestão do negócio (Braunerhjelm & Parker, 2010; Peneder, 2010).

Nas últimas décadas tem-se assistido ao surgimento dum novo modelo de inovação empresarial que se caracteriza pela convergência entre empreendedores, rápida mudança tecnológica e capital de risco. Esta combinação provou ser uma força eficaz na realização de inovação disruptiva, contribuindo para a criação de negócios com elevado potencial inovador. Actualmente, a taxa de inovação nos negócios está mais rápida, desafiando a capacidade das empresas em manterem a sua vantagem competitiva. O modelo da empresa industrial que se destaca pela inovação interna tem sido despedaçado pela realidade de novos empreendimentos que atingem a escala global e vantagens competitivas através de ciclos rápidos de inovação, experimentação e distribuição. Uma grande parte da inovação nos negócios tem provido de novos empreendimentos, muitas vezes financiados por capital de risco (Engel, 2011).

No estudo realizo por Peneder (2010), tendo como alvo empresas Australianas, este autor concluiu que o capital de risco apoia empresas que são mais inovadoras que a média e que crescem mais rapidamente em termos de criação de emprego e de vendas, sendo que o capital de risco desempenha três funções essenciais:

- Permite a prossecução de empreendimentos que, de outra forma, não teriam os recursos necessários devido à incerteza particularmente elevada e à assimetria de informação (função de financiamento);

- Tenta alocar os escassos recursos financeiros para os usos mais rentáveis (função de selecção);

- A equidade de risco envolve a participação não só de capital, mas também da experiência de gestão, acompanhamento e aconselhamento profissional (agregação de valor de função).

De acordo com Samila and Sorenson (2010), existe uma correlação entre o financiamento público de pesquisa académica e capital de risco em matéria de inovação e empreendedorismo. Embora o fornecimento local de capital de risco tenha efeitos directos no número de patentes concedidas a inventores de uma região e no número de criação de novos negócios, a sua eficácia na produção de ambos os resultados aumenta com a oferta local de financiamento público da investigação em universidades e institutos de pesquisa. Este estudo é mais uma prova de que as variáveis de input de inovação estão fortemente correlacionadas entre si.

4. Outputs da inovação

Seguidamente, serão apresentados os outputs da inovação, identificados pela literatura como sendo dos mais importantes.

4.1 Vendas inovadoras

Uma questão central na análise de inovação é compreender como é que as empresas transformam inputs em produtos comercializáveis e em melhorias de produtividade. A I & D e outros investimentos na criação de novos conhecimentos são amplamente aceites como um factor central na criação de crescimento económico. No entanto, o processo pelo qual a I & D leva ao crescimento pode ser muito complicado (Bloch & Graversen, 2008).

Com o surgimento dos inquéritos sobre inovação, como o CIS, os investigadores têm procurado medidas alternativas dos outputs inovadores. A medida mais utilizada é a quota de vendas inovadora, definida como a percentagem de vendas que pode ser atribuído às inovações de produto. Esta medida tem sido utilizada num grande número de análises recentes, tanto na análise dos determinantes de inovatividade (Mohnen, Mairesse, & Dagenais, 2006), como na modelagem da relação entre inovação e produtividade Crépon, Duguet, and Mairesse (1998).

A literatura considera que uma maior intensidade de exportações facilita a decisão das empresas de inovar. A lógica por trás desta tese é que a concorrência externa é mais intensa do que a nacional o que exige uma melhoria contínua dos produtos da empresa e dos processos (Hashi & Stojcic, 2010), daí que se tenham que distinguir as vendas inovadoras domésticas das internacionais.

O estudo de Van Beveren and Vandenbussche (2010), considera que os governos podem incentivar a inovação através de uma política de liberalização do comércio. Em pesquisas anteriores, tem sido documentado que a redução dos custos do comércio resulta num aumento do número de empresas exportadoras. Este trabalho também demonstra que quando as empresas antecipam tornar-se exportadores no futuro próximo irão aumentar o seu envolvimento em actividades de inovação que envolvam redução de custos e melhoria da qualidade. Isso pode ser explicado por vários factores. O facto de as empresas esperarem enfrentar mais concorrência, quando enviam seus produtos para o estrangeiro pode levá-las a investir mais em inovações de processo e de produto antes da exportação. Para além disso, a exportação implica também um aumento do mercado das empresas, o que tornará mais fácil a recuperação dos custos fixos envolvidos em investimentos em inovação e aumenta o retorno sobre o investimento.

Arundel (2006) também defende que a competição internacional faz aumentar os níveis de inovação e sugere ser necessário construir indicadores mais fiáveis a partir do CIS, daí que proponha que, neste ponto em particular, se construa um rácio dividindo as vendas internacionais pelas vendas nacionais. Desta forma, poder-se-ia aumentar a credibilidade do CIS através da construção de indicadores mais robustos que reflictam a realidade dos países, já que considerando apenas as vendas inovadoras, países como Portugal e Espanha apresentam excelentes resultados, o que pode indiciar que as empresas destes países são extremamente inovadoras mas, a realidade é que muitas destas inovações são postas em prática apenas nos mercados nacionais e fruto de spillovers. Desta forma, este autor propõe a construção de um indicador complexo que será o rácio entre inovações novas para o mercado de empresas activas nos mercados internacionais e inovações novas para o mercado.

4.2 Inovações de Produto

Segundo Bisbe and Otley (2004), inovações de produto consistem no desenvolvimento e lançamento de produtos que são, de alguma forma, únicos ou diferentes dos actualmente existentes.

A inovação tornou-se, para a maioria das empresas, uma questão fundamental de sobrevivência e crescimento, devido ao contexto económico altamente concorrencial em que vivemos, marcado por altas taxas de renovação de produtos (Aggeri & Segrestin, 2007).

Os recursos intangíveis de uma empresa, como a inovação e a criatividade dos seus recursos humanos, são factores essenciais para o estímulo de inovações (tanto de produto como de processo) e constituem um factor de vantagem competitiva, na medida em que são recursos que os competidores não podem comprar ou copiar facilmente (Cho & Pucik, 2005). Estes autores realizaram um estudo sobre grau de inovação, qualidade dos produtos e performance das empresas, tendo chegado à conclusão que existe uma forte correlação entre eles. Augusto and Coelho (2009), acrescentam que produtos "novos para o mundo"[1] influenciam positivamente os resultados das empresas e que uma cultura de inovação organizacional estimula e encoraja a criatividade e a tomada de riscos por parte dos colaboradores, contribuindo, desta forma, para o surgimento de inovações.

O desenvolvimento de novos produtos é, portanto, a chave para alcançar vantagens competitivas e crescimento sustentado da empresa. A elevada capacidade inovadora de uma empresa irá originar um efeito "bola de neve" contribuindo para novas inovações devido ao efeito de memória organizacional (Know-how acumulado da organização). A memória organizacional contribui para o sucesso de novos produtos mas, o mero stock de memória não é suficiente, se não for partilhado porque, a memória tem que ser dispersa por toda a organização sob a forma de conhecimento individual, rotinas de comportamento e estruturas organizacionais (Chang & Cho, 2008).

As novas tecnologias podem desempenhar um papel importante na difusão deste conhecimento e, consequentemente, na dinamização de novas inovações, constituindo-se também, como excelentes fontes de competências, contribuindo para as capacidades de prospecção ou exploração de novas oportunidades. A tecnologia está a tornar-se, cada vez mais, estrategicamente relevante para as empresas que procuram vantagens competitivas, sendo que, as empresas esperaram que as oportunidades tecnológicas identificadas contribuam para a transformação dos seus produtos e / ou processos de produção, originando inovação (Durmuşoğlu & Barczak, 2011; Huang, 2011; Lee, Jeon & Park, 2011).

Segundo Lai, Chen, Chiu and Pai (2011), as inovações de produto são positivamente influenciadas por terceiros. Os fornecedores contribuem para a melhoria

---

[1] São produtos novos para o mercado e para a empresa, ou seja, produtos completamente inovadores.

do design (inovação de processo), os clientes aumentam a performance de design e de mercado, sendo que os clientes de empresas industriais são fundamentais no processo de inovação porque, possuem conhecimentos técnicos e profissionais, como tal, têm um efeito substancial no fornecimento de informação a nível técnico durante o desenvolvimento do produto. As universidades e organismos de investigação também podem fornecer aos fabricantes conhecimento técnico avançado e conhecimento do mercado, o que pode resultar num melhor design e desempenho de mercado. Comprova-se que a cooperação de terceiros, sem relação com a concorrência no mercado, é benéfica para o desempenho da inovação do produto.

Segundo Li, Chen and Shapiro (2009), o acesso ao conhecimento externo é fundamental para melhorar a inovação das empresas em mercados emergentes. Os clusters de inovação de IDE e as actividades de exportação, servem como canais de acesso externos de conhecimento, promovendo as capacidades inovadoras das empresas em mercados emergentes. Os esforços de I & D e de marketing, por afectarem a capacidade das empresas em absorverem conhecimento externo, aumentam os efeitos positivos do conhecimento exterior, contribuindo para a inovação nas empresas.

A inovação está em processo de mudança, passando de simples empresas empreendedoras para grupos de empresas em rede. A cooperação inter-organizacional em detrimento da concorrência para explorar o valor do conhecimento através da inovação de novos produtos está no cerne da economia baseada no conhecimento. A integração de novos conhecimentos resultantes destes actos de cooperação tem um forte impacto positivo no desenvolvimento de novos produtos (Lin & Chen, 2006).

A criação de produtos inovadores – produtos que a empresa coloca pela primeira vez no mercado – afectam positivamente a performance das empresas, ou seja, o facto de se ser o primeiro a chegar ao mercado cria uma vantagem competitiva, com efeitos positivos na quota de mercado e no retorno financeiro (Molina-Castillo, Jimenez-Jimenez & Munuera-Aleman, 2011; Otero-Neira, Varela & Garcia, 2010).

4.3 Inovações de Processo

O output da inovação pode manifestar-se como inovação de produto ou de processo mas, na maioria dos estudos, as inovações de produto são utilizadas como medida da produção de inovação e as inovações de processo são negligenciadas (Kemp et al., 2003).

Inovação de processo é a introdução de uma nova, ou significativamente melhorada, produção ou método de entrega (OCDE, 1997). Pode frequentemente envolver actividades inovativas que não necessitam de I & D. A compra de máquinas tecnologicamente avançadas, de hardware e software, a aquisição de patentes e licenças, investimento em formação e outros procedimentos, tais como design e engenharia de produção, pode acabar por resultar na criação de inovações de processo para a empresa. Este tipo de inovações é extremamente importante, visto que, as empresas mais avessas ao risco irão preferir seguir estratégias de inovação de processo, já que envolvem menos meios financeiros (Huang et al., 2010).

Há também uma crescente compreensão da natureza complementar entre as inovações tecnológicas e não tecnológicas. A comercialização de novos produtos muitas vezes requer o desenvolvimento de novos métodos de marketing e uma nova técnica de fabricação muitas vezes precisa de ser apoiada por mudanças organizacionais, desta forma a existência de um elevado nível de inovações de produto poderá originar um maior número de inovações de processo (OCDE, 2009).

5. Crescimento económico e produtividade

A inovação tem sido vista como central para o desempenho económico dos países e as evidências empírica confirmam as relações entre inovação e crescimento. Isto significa que todos os governos devem entender a importância da inovação e desenvolver políticas para reforçar os seus esforços e resultados. A inovação implica a produção de novos conhecimentos a partir da I & D, de software, capital humano e das estruturas organizacionais. Estes factores são essenciais para a plena realização de ganhos de produtividade e para maximizar a eficiência das novas tecnologias. Como tal, os estes activos intangíveis tornaram-se factores estratégicos na criação de valor por parte das empresas e o seu papel na economia tornou-se tão importante quanto o dos activos tangíveis, representando até 12% do PIB em alguns países (OECD, 2010b).

A inovação é fundamental para a economia global, para as nações e para as regiões dentro dos países, ainda mais no contexto actual em que se procura ultrapassar os efeitos da crise económica mundial (Sivak, Caplanova & Hudson, 2011).

A inovação contribui para o desenvolvimento económico (Freeman & Soete, 1997) e fomenta o empreendedorismo (Souza, 2009), sendo por isso, de estranhar, que os economistas da inovação não estejam a participar no debate sobre as causas e o impacto da actual crise global (Filippeti & Archibugi, 2010). Isto provavelmente acontece devido a uma crença geral de que a inovação tem pouco a ver com a crise económica. No entanto, desde Schumpeter já sabemos que a inovação é uma fonte fundamental de flutuações económicas. Após a sua contribuição sobre ciclos de negócios (Schumpeter, 1939), a relação entre a inovação e a dinâmica do desenvolvimento económico tem sido amplamente abordada na literatura, após a recessão dos anos 70 do século passado (Mensch, 1979; Van Duijn, 1983; Freeman, 1984; Tylecote, 1992; Perez, 2002).

Nos actuais tempos de crise é particularmente importante estimular a inovação. Como a dinâmica macroeconómica é a forma como as empresas agem, é fundamental saber quais os factores económico-sociais nacionais que contribuem para a performance inovadora (Archibugi & Pianta, 1992; Archibugi & Michie, 1997; Lorenz & Lundvall, 2006), como por exemplo a qualidade das instituições científicas e tecnológicas, o sistema de educação, a estrutura do mercado de trabalho e a especialização industrial (Filippeti & Archibugi, 2010).

Na Estratégia de Lisboa, os Estados-Membros e a Comissão Europeia reconheceram que o aumento da inovação é essencial para responder ao desafio oferecido pela globalização. O sucesso na economia global é determinado pela capacidade das empresas em darem resposta à evolução das opiniões, necessidades e estruturas. As relações entre inovação, crescimento económico e bem-estar e coesão social são, sem dúvida, muito correlacionadas. A inovação tem provado ser o motor do crescimento económico sustentado levando a níveis mais elevados de bem-estar para os países que melhor explorem e apliquem as suas capacidades tecnológicas (Autant-Bernard, Chalaye, Manca, Moreno & Suriñach, 2011).

É crença generalizada que a inovação é um pressuposto necessário para o crescimento económico de um país, região ou empresa. O conceito de inovação e métodos de medição têm sido objecto de constante discussão por décadas. Sem dúvida, medir a inovação e a sua dinâmica é de grande importância para a análise teórica e empírica dos modelos de crescimento, e para apoiar o processo de tomada de decisão dos potenciais investidores (Pass & Poltimae, 2010).

Existem pelo menos três bons motivos para medir a inovação. Primeiro, a avaliação da inovação é importante para a análise teórica e desenvolvimento de teorias da inovação. Os indicadores estatísticos podem ser usados para testar as teorias de inovação e ampliar o conhecimento da evolução tecnológica e da inovação como factores determinantes do crescimento económico, competitividade, produtividade e emprego. Em segundo lugar, a avaliação da inovação é importante para o desenvolvimento e implementação de políticas públicas. Os indicadores estatísticos sobre a inovação e mudança tecnológica permitem identificar os pontos fortes e fracos nacionais e fornecer fontes fundamentais para a realização da política de inovação eficaz. Terceiro, os resultados da avaliação da inovação são inputs importantes para o desenvolvimento da estratégia das empresas. Os dados sobre a capacidade tecnológica e de inovação de diferentes países tornam possível adquirir uma melhor compreensão dos contextos geográficos em que as empresas podem desenvolver e estabelecer as suas actividades inovadoras e de fazer os investimentos necessários (Pass & Poltimae, 2010).

A produtividade constitui um importante factor de competitividade de um dado país (Cleff, 2005), sendo importante conhecer os impactos da inovação no crescimento económico e na produtividade, de forma a auxiliar os decisores políticos na tomada de decisões macroeconómicas (Pedersen, 1977).

A inovação influencia directamente a produtividade da economia e promove o crescimento económico (criação novos negócios), o que por sua vez, originará mais emprego (Hasan, 2010).

6. Community Innovation Survey

Estes inquéritos são uma série de pesquisas realizadas pelos institutos nacionais de estatística em toda a União Europeia (UE), na Noruega e na Islândia. Os inquéritos harmonizados são projectados para dar informações sobre a capacidade inovadora de diferentes sectores e regiões. Os dados obtidos são usados para a elaboração do European Innovation Scoreboard e em várias pesquisas académicas sobre inovação, contando-se mais de 200 trabalhos publicados utilizando os dados do CIS (http://epp.eurostat.ec.europa.eu). Após ser implementado, o CIS foi considerado, por vários autores, como sendo o mais importante desenvolvimento na forma de medir a inovação (Smith, 2004).

A primeira conferência Blue Sky em Paris, em 1996 introduziu os resultados do primeiro Inquérito Comunitário à Inovação (CIS) de 1993, que foi sem dúvida uma das mais inovadoras fontes de dados de inovação na altura. Com base na investigação que remonta ao final dos anos 1970, o objectivo do CIS e doutros inquéritos à inovação foi a obtenção de dados sobre uma gama diversificada de formas de inovar, especialmente as formas de inovação que não dependem de I & D, e providenciar formas de medir os outputs da inovação (Arundel, 2006).

O CIS é aplicado, actualmente de dois em dois anos (quando surgiu era aplicado de quatro em quatro anos), nos 27 Estados-Membros da União Europeia, três países da Associação Europeia de Comércio Livre (EFTA) e nos países candidatos à EU. O primeiro CIS (CIS 1), foi um exercício piloto, realizado em 1993, enquanto o segundo inquérito (CIS 2) foi realizado em 1997/1998, com excepção da Grécia e da Irlanda, onde foi lançado em 1999. O terceiro inquérito (CIS 3) foi realizado com base nos anos de referência de 2000/2001, com base no Manual de Oslo (segunda edição de 1997), que dá orientações metodológicas e define o conceito de inovação. O CIS 4 (ano de referência 2004) segue a revisão do Manual de Oslo (terceira edição de 2005). O CIS 2006 e 2008 tiveram como referência, respectivamente, os anos de 2006 e 2008 (http://epp.eurostat.ec.europa.eu/portal/page/portal/microdata/cis).

Com os dados disponíveis a partir das várias pesquisas consecutivas do CIS, seria de esperar que a comunidade política europeia estaria utilizando activamente os indicadores CIS para avaliar a capacidade dos sistemas nacionais de inovação e para responder aos desafios da economia do conhecimento. Infelizmente, isso não tem acontecido. Os resultados de uma série de entrevistas realizadas pela UNU-MERIT com analistas de política europeia e uma revisão de literatura dos principais papers europeus sobre inovação, mostra que a comunidade política europeia ainda se baseia em indicadores estabelecidos à muitas décadas, ou seja, indicadores de I & D e patentes. O efeito do CIS é em grande parte difuso, influenciando perspectivas gerais, ao invés do desenvolvimento de acções políticas concretas. Existem excepções, como o uso de dados de colaboração do CIS na avaliação das políticas pertinentes, na Holanda (Arundel, 2006).

I & D e patentes são excelentes indicadores dos investimentos das empresas no desenvolvimento de inovações "em casa" através de actividades criativas, nomeadamente na produção, mas são insuficientes para captar a inovação como um processo de difusão, o desenvolvimento de bases de conhecimento distribuído (que são uma característica essencial do conhecimento económico), o aumento contínuo da importância económica dos sectores dos serviços e de muitas actividades informais de inovação (Arundel, 2006).

O CIS colecta dados que poderiam ser usados para preencher algumas lacunas no nosso conhecimento da inovação, mas, infelizmente, ainda não foi totalmente explorado para esse fim. Um exemplo do foco da política europeia em matéria de políticas de inovação do lado da oferta é a Agenda de Lisboa e, especificamente, a iniciativa do Conselho de Barcelona para resolver o problema da União Europeia de competitividade, com a sua proposta de aumentar a intensidade de I & D para 3% do PIB até 2010. Este foi provavelmente um retrocesso do progresso lento durante a década de 1990 para uma visão alargada da inovação, que inclui actividades informais. Não só a meta de 3% é impossível de alcançar, devido à estrutura industrial da Europa, mas insuficiente, já que a I & D é apenas uma parte do problema (Arundel, 2006).

O CIS define inovação do seguinte modo: "Uma Inovação corresponde à introdução pela empresa de um produto, processo, método organizacional ou método de marketing, novo ou significativamente melhorado. Uma inovação não precisa de ser originalmente desenvolvida pela empresa, basta que se constitua como uma novidade para a mesma" (http://www.gpeari.mctes.pt).

Outras definições que constam do CIS (http://www.gpeari.mctes.pt):

- Inovação de produto: "corresponde à introdução no mercado de um bem ou serviço novo ou significativamente melhorado no que diz respeito às suas capacidades ou potencialidades iniciais, facilidade de utilização, componentes ou subsistemas. Inovação de processo: corresponde à implementação pela empresa de um processo de produção, de um método de distribuição ou de uma actividade de apoio aos seus bens ou serviços, novos ou significativamente melhorados".

- Actividades de inovação: "incluem a aquisição de maquinaria, equipamento, software e licenças, trabalhos de engenharia e desenvolvimento, design industrial, formação, marketing e I&D (Investigação e Desenvolvimento), quando realizadas especificamente para desenvolver e/ou implementar uma inovação de produto e/ou de processo".

- Actividades de I&D realizadas dentro da empresa: "trabalho criativo realizado dentro da empresa com o objectivo de aumentar o conhecimento e as capacidades internas (stock de conhecimento) com vista ao desenvolvimento de produtos (bens/serviços) ou processos novos ou significativamente melhorados. (Inclui o desenvolvimento de software dentro da empresa quando se enquadre neste âmbito) ".

7. Conclusão

Estando identificados os mais importantes inputs e outputs da inovação, de acordo com a literatura é importante mencionar que os mesmos não são estantes e únicos, podendo existir outros fatores que contribuem para o surgimento de inovações.

8. Referências bibliográficas

- Aerts, K., & Czarnitzki, D. (2004). Using Innovation Survey Data to Evaluate R & D Policy: The Case of Belgium [Discussion Paper No. 04-55]. Centre for European Economic Research, Germany.

- Aggeri, F., & Segrestin, B. (2007). Innovation and project development: an impossible equation? Lessons from an innovative automobile project development. R&D Management, 37(1), 37-48.

- Apergis, N., Economidou, C., & Filippidis, I. (2008). Innovation, Technology Transfer and Labor Productivity Linkages: Evidence from a Panel of Manufacturing Industries. Review of World Economics, 144(3), 491-508.

- Archibugi, D., Pianta, M., 1992. The Technological Specialization of Advanced Countries. Kluwer Academic Publishers, Dordrecht.

- Archibugi, D., & Michie, J. (1997). Technology, Globalisation and Economic Performance. Cambridge University Press, Cambridge.

- Arrow, K.J. (1962). Economic welfare and the allocation of resources for invention, in: R.R. Nelson (ed.), The rate and direction of inventive activity: economic and social factors, Princeton, N.J., 609-625.

- Arundel, A. (2006). Innovation survey indicators: Any progress since 1996? UNU-MERIT, Netherlands.

- Augusto, M., & Coelho, F. (2009). Market orientation and new-to-the-world products: Exploring the moderating effects of innovativeness, competitive strength, and environmental forces. *Industrial Marketing Management, 38*(1), 94-108.

- Basile, A. (2011). Networking System and Innovation Outputs: The Role of Science and Technology Parks. International Journal of Business and Management, 6(5), 3-15.

- Beise, M. (2005). Lead markets, innovation differentials and growth. International Economics and Economic Policy, 1(4), 305-328.

- Bessler, W., & Bittelmeyer, C. (2006). Patents and the Performance of Technology Firms: Evidence from Initial Public Offerings in Germany. Financial Markets and Portfolio Management, 2008: 323-356.

- Bisbe, J., & Otley, D. (2004). The effects of the interactive use of management control systems on product innovation. Accounting, Organizations and Society, 29(8), 709-737.

- Bloch, C., & Graversen, E. (2008). Innovativeness–an examination of innovative sales as a measure of innovation output. Danish Centre for Studies in Research and Research Policy: Denmark.

- Braunerhjelm, P., & Parker, S. C. (2010). Josh Lerner: recipient of the 2010 Global Award for Entrepreneurship Research. Small Business Economics, 35(3), 245-254.

- Brouwer, E., Poot, T., & Montfort, K. (2008). The Innovation Threshold. De Economist, 156(1), 45-71.

- Cabello-Medina, C., Lopez-Cabrales, A., & Valle-Cabrera, R. (2011). Leveraging the innovative performance of human capital through HRM and social capital in Spanish firms. The International Journal of Human Resource Management, 22(4), 807-828.

- Cañibano, L., Garcia-Ayuso, M., & Sánchez, M. P. (2000). Shortcomings in the measurement of Innovation: Implications for Accounting standard setting. Journal of Management and Governance, 4(4), 319–342.

- Chang, D., & Cho, H. (2008). Organizational memory influences new product success. Journal of Business Research, 61(1), 13-23.

- Chen, K.-H., & Yang, H.-Y. (2011). Revealing the International Spillovers Structure of Innovation for Asian Region. Global Economic Review, 40(1), 83-121.

- Cho, H. J., & Pucik, V. (2005). Relationship between innovativeness, quality, growth, profitability, and market value. Strategic Management Journal, 26(6), 555-575.

- Cleff, T., Licht, G., Spielkamp, A., & Urban, W. (2005). Innovation and competitiveness. The Oxford Handbook of Innovation. Oxford University Press, Oxford.

- Autant-Bernard, C., Chalaye, S., Manca, F., Moreno, R., & Suriñach, J. (2011). Measuring the adoption of innovation. A typology of EU countries based on the Innovation Survey. The European Journal of Social Science Research.

- Crépon, B., Duguet, E., & Mairesse, J. (1998). Research, Innovation, and Productivity: an Econometric Analysis at the Firm Level, Economics of Innovation and New Technology, 7, 115-158.

- Dalohoun, D. N., Hall, A., & Van Mele, P. (2009). Entrepreneurship as driver of a self-organizing system of innovation': the case of NERICA in Benin. International Journal of Technology Management and Sustainable Development, 8(2), 87–101.

- D'Angelo, A. (2010). Innovation and export performance: a study of Italian high-tech SMEs. Journal of Management & Governance.

- Dereli, T., Durmusoglu, A., & Daim, T. U. (2011). Buyer/seller collaboration through measurement of beliefs on innovativeness of products. Computers in Industry, 62(2), 205-212.

- De Winne, S., & Sels, L. (2010). Interrelationships between human capital, HRM and innovation in Belgian start-ups aiming at an innovation strategy. The International Journal of Human Resource Management, 21(11), 1863-1883.

- Durmuşoğlu, S. S., & Barczak, G. (2011). The use of information technology tools in new product development phases: Analysis of effects on new product innovativeness, quality, and market performance. Industrial Marketing Management, 40(2), 321-330.

- Economist Intelligence Unit (EIU), (2007). Sharing the Idea: The Emergence of Global Innovation Networks. The Economist Intelligence Unit, London.

- Economist Intelligence Unit. (2009). A New Ranking of the World's Most Innovative Countries. The Economist.

- Edquist, C., & Zabala, J. M. (2009). Outputs of innovation systems: a European perspective [Paper n.º 2009/14]. Center for Innovation, Research and Competences in the Learning Economy, Lund University.

- Engel, J. S. (2011). Accelerating Corporate innovation: Lessons from the Venture Capital Model. Research-Technology Management, 54(3), 36–43. Industrial Research Institute, Inc.

- Filippeti, A., & Archibugi, D. (2010). Innovation in times of crisis: National Systems of Innovation, structure, and demand. Res. Policy: Elsevier.

- Freeman, C. (1984). Long Waves in the World Economy. Frances Pinter, London.

- Freeman, C., & Soete, L. (1997). The Economics of Industrial Innovation. England: Taylor & Francis Lda.
- Fu, X., & Gong, Y. (2011). Indigenous and Foreign Innovation Efforts and Drivers of Technological Upgrading: Evidence from China. World Development, 39(7).
- Gachino, G. G. (2010). Technological spillovers from multinational presence: towards a conceptual framework. Progress in Development Studies, 10(3), 193-210.
- Hasan, I., & Tucci, C. L. (2010). The innovation–economic growth nexus: Global evidence. Research Policy, 39(10), 1264-1276.
- Hashi, I., & Stojcic, N. (2010). The Impact of innovation activities on firm performance using a multi-stage model: evidence from the Community Innovation Survey 4. CASE-Center for Social and Economic Research.
- Herrera L., Munoz-Doyague, M. F., & Nieto, M. (2010). Mobility of public researchers, scientific knowledge transfer, and the firm's innovation process. Journal of Business Research 63(5): 510- 518.
- Hitt, M. A., Bierman. L, Shimizu K., & Kochhar, R. (2001). Direct and Moderating Effects of Human Capital on Strategy and Performance in Professional Service Firms: A Resource-Based Perspective. The Academy of Management Journal 44(1): 13-28.
- Huang, C., Arundel, A., & Hollanders, H. (2010). How firms innovate: R&D, non-R&D, and technology adoption. UNU-MERIT.
- Huang, H. C., Lai, M. C., & Lin, T. H. (2011). Aligning intangible assets to innovation in biopharmaceutical industry. Expert Systems with Applications, 38(4), 3827-3834.
- Huang, K. F. (2011). Technology competencies in competitive environment. Journal of Business Research, 64(2), 172-179.
- Kahn, M. (2007). Measuring Innovation and Development: A Case for Treatment. Institute for Economic Research on Innovation.
- Kemp, R. G. M, Folkeringa, M., Jong, J. P. J., & Wubben, E. F. M. (2003). Innovation and Firm Performance. Scales Research Reports, Zoetermeer: EIM Business and Policy Research.
- Kharbanda, V. P. (2002). Learning Organisations : The Process of Innovation and Technological Change. AI & Society, 89-99.

- Klomp, L., G. W., Meinen, A., Meurink, & Roessingh, M. (2002). Knowledge Based Economy 2001: R&D and Innovation in Netherlands. Statistics Netherlands, 2002.

- Kostic, M. (2008). Innovation management (2): - Definition of 'innovation'. EMagazine No.37.

- Lai, C. S., Chen, C. S., Chiu, C. J., & Pai, D. C. (2011). The impact of trust on the relationship between inter-organisational collaboration and product innovation performance. Technology Analysis & Strategic Management, 23(1), 65-74.

- Lall, S., & Narula, R. (2004). Foreign Direct Investment and its Role in Economic Development: Do We Need a New Agenda? The European Journal of Development Research, 16(3), 447-464.

- Lee, C., Jeon, J., & Park, Y. (2011). Monitoring trends of technological changes based on the dynamic patent lattice: A modified formal concept analysis approach. Technological Forecasting and Social Change, 78(4), 690-702.

- Lee, C. Y. (2009). Competition favors the prepared firm: Firms' R&D responses to competitive market pressure. Research Policy, 38(5), 861-870.

- Li, J., Chen, D., & Shapiro, D. M. (2009). Product Innovations in Emerging Economies: The Role of Foreign Knowledge Access Channels and Internal Efforts in Chinese Firms. Management and Organization Review, 6(2), 243-266.

- Lin, B. W., & Chen, C. J. (2006). Fostering product innovation in industry networks: the mediating role of knowledge integration. The International Journal of Human Resource Management, 17(1), 155–173.

- Loof, H., Heshmati, A., Asplund, R., & Naas, S. O. (2002). Innovation and Performance in Manufacturing Industries: A Comparison of Nordic Countries [Working Paper n.° 457]. SSE/EFI Working Paper Series.

- Lööf, H., & Heshmati, A. (2005). The impact of public funding on private R&D investment: New evidence from a firm level innovation study [Working Paper n.° 3/2005]. Series in Economics and Institutions of Innovation, (06), 1-26, Royal Institute of Technology, CESIS-Centre of Excellence for Science and Innovation Studies.

- Lopez-Cabrales, A., Valle, R., & Herrero, I. (2006). The Contribution of Core Employees to Organizational Capabilities and Efficiency. Human Resource Management, 45, 81–109.

- Lorenz, E., Lundvall, B. A. (2006). How Europe's Economies Learn. Oxford University Press, Oxford.

- Luckraz, S. (2008). Process Spillovers and Growth. Journal of Optimization Theory and Applications, 139(2), 315-335.

- Luo, X. R., Koput, K. W., Powell, W. W. (2009). Intellectual capital or signal? The effects of scientists on alliance formation in knowledge-intensive industries. Research Policy 38(8): 1313- 1325.

- Maggioni, M., Uberti, T. E., & Usai, S. (2011). Treating Patents as Relational Data: Knowledge Transfers and Spillovers across Italian Provinces. Industry & Innovation, 18(1), 39-67.

- Martin, L., & Nguyen-Thi, T. U. (2010). Impact of R&D and ICT on Innovation and Productivity. Empirical evidence from micro data. Innovation Journal.

- Mensch, G. O. (1979). Stalemate in Technology: Innovations Overcome the Depression. Ballinger Publishing Company, Cambridge, MA.

- Mohnen, P., Mairesse, P., & Dagenais, M. (2006). Innovativity: A comparison across seven European countries. Economics of Innovation and New Technology, 15, 391- 413.

- Molina-Castillo, F. J., Jimenez-Jimenez, D., & Munuera-Aleman, J. L. (2011). Product competence exploitation and exploration strategies: The impact on new product performance through quality and innovativeness. Industrial Marketing Management.

- Nambisan, S., & Sawhney, M. (2010). Making the Most of the Global Brain for Innovation. International Commerce Review, 8(2-4), 128-135.

- Organisation for Economic Co-operation and Development (2005). The measurement of scientific activities. Proposed guideline for collecting and interpreting technological innovation data. Oslo Manual.

- Organisation for Economic Co-operation and Development (1997). Oslo Manual: Guidelines for Collecting and Interpreting Innovation Data. OECD, Paris.

- Organisation for Economic Co-operation and Development (2009). Science, Technology and Industry Scoreboard 2009. OECD, Paris.

- Organisation for Economic Co-operation and Development (2009b). Patent Statistics Manual. OECD, Paris.

- Organisation for Economic Co-operation and Development (2010). OECD Science, Technology and Industry Outlook. OECD Publishing.
- Organisation for Economic Co-operation and Development (2010b). The OCDE Innovation Strategy - Getting a head start on tomorrow. OECD Publishing.
- Otero-Neira, C., Varela, J., & Garcia, T. (2010). Competitive reaction to the introduction of a new product: an exploratory market signalling study. Journal of Strategic Marketing, 18(5), 379-394.
- Pass, T., & Poltimae, H. (2010). A Comparative Analysis of National Innovation Performance: the Baltic States in the EU Context. The University of Tartu FEBA.
- Pedersen, M. (1977). A Proposed Model for Evaluation Studies. Administrative Science Quarterly, 22(2), pp. 306-317.
- Peneder, M. (2010). The impact of venture capital on innovation behaviour and firm growth. Venture Capital, 12(2), 83-107.
- Perez, C. (2002). Technological Revolutions and Financial Capital: The Dynamics of Bubbles and Golden Ages. Edward Elgar, Cheltenham.
- Powell, W., Koput, K. W., & Smith-Doerr, L. (1996). Inter-organizational Collaboration and the Locus of Innovation: Networks of Learning in Biotechnology. Administrative Science Quarterly, 41: 116-145.
- Samila, S., & Sorenson, O. (2010). Venture capital as a catalyst to commercialization. Research Policy, 39(10), 1348-1360.
- Santamaría, L., Barge-Gil, A., & Modrego, A. (2010). Public selection and financing of R&D cooperative projects: Credit versus subsidy funding. Research Policy, 39(4), 549-563.
- Schumpeter, J. A. (1939). Business Cycle: A Theoretical, Historical and Statistical Analysis of the Capitalist Process. McGraw-Hill, New York.
- Schumpeter, J. A. (1942). Capitalism, Socialism and Democracy. New York: Harper and Row.
- Sivak, R., Caplanova, A., & Hudson, J. (2011). The impact of governance and infrastructure on innovation. Post-Communist Economies, 23(2), 203-217.
- Smith, K. (2004). The Oxford Handbook of Innovation. Oxford University Press.
- Souza, M. (2009). Crescimento económico, inovação e empreendedorismo. Porto Alegre - Brasil.

- Spronk, J., & Vermeulen, E. M. (2003). Comparative performance evaluation under uncertainty. European Journal of Operational Research, 150, pp. 482–495.

- Steffensen, M., Rogers, E. M., & Speakman, K. (2000). Spin-offs from research centers at a research university. Journal of Business Venturing, 15(1), 93–111.

- Sternberg, R., Brixy, U., & Hundt, C. (2007). Global entrepreneurship monitor. Länderbericht Deutschland. Hannover/Nürnberg: Global Entrepreneurship Research Association.

- Teles, V. K., & Joiozo, R. (2011). Human capital and innovation: evidence from panel cointegration tests. Applied Economics Letters, (919435511), 1-4.

- Tylecote, A. (1992). The Long Wave in the World Economy: The Present Crisis in Historical Perspective. Routledge, London.

- Van Beveren, I., & Vandenbussche, H. (2010). Product and process innovation and firms' decision to export. Journal of Economic Policy Reform, 13(1), 3-24.

- Van Duijn, J. J. (1983). The Long Wave in Economic Life. George Allen & Unwin, London.

- Vespagen, B. (2001). The Economics of Technological Change. The Textbook of Engineering and Economics Students, Eindhoven: Eindhoven University of Technology.

- Wagner-Döbler, W. (2005). The system of research and development indicators: Entry points for information agents. Scientometrics, 62(1), pp. 145-153.

- Walters, H. (2007). An official measure of innovation. Business Week Online, 20 April 2007, p. 11.

- Wennekers, S., & Thurik, R. (1999). Linking Entrepre-neurship and Economic Growth. Small Business Economics 13(1), 27–55.

- Wong, P. K., Ho, Y. P., & Autio, E. (2005). Entrepreneurship, Innovation and Economic Growth: Evidence from GEM data. Small Business Economics, 24(3), 335-350.

- World Economic Forum (2010). The Global Competitiveness Report 2010-2011. Genebra – Switzerland.

- Zucker, L., Darby M., & Brewer, M. (1998). Intellectual Human Capital and the Birth of U.S. Biotechnology Enterprises. American Economic Review. Vol. 88, No. 1, pp.290-306.

www.ingramcontent.com/pod-product-compliance
Lightning Source LLC
Chambersburg PA
CBHW070745180526
45168CB00004B/1539